AF349776

RÈGLEMENT

Concernant l'Habillement, l'Équipement &
l'Armement du Corps de la Gendarmerie.

Du 18 Février 1772.

DE PAR LE ROI.

SA MAJESTÉ voulant raffembler en un
feul corps, les difpofitions des Ordonnances
concernant l'habillement, l'équipement &
l'armement de fa Gendarmerie, & pour-
voir aux différens objets de fa tenue, fur lefquels Elle
n'avoit point encore ftatué, a ordonné & ordonne
ce qui fuit:

TITRE I.er

De l'Habillement, Équipement & Armement
du Gendarme.

ARTICLE PREMIER.

L'HABIT fera de drap écarlate, revers, collet & paremens
de même drap, la doublure de ferge chamois, à l'exception

Compofition
de
l'habillement.

A

de celle des manches, qui fera de toile; l'habit fera croifé par-derrière, il fe portera déboutonné, les bafques retrouffées & agraffées.

La vefte fera de drap de couleur chamois, elle fera doublée de toile de coton écrue.

La culotte fera de peau de daim, conforme au modèle arrêté; & le Gendarme fera tenu de s'en pourvoir, & de s'en entretenir à fes frais.

2.

L'HABIT des Brigadier, Sous-brigadier, Porte-étendard, Fourrier, Appointé & Gendarme, fera façonné avec une aune & un quart de drap écarlate, large de cinq quarts, deux aunes & demi-quart de ferge large de cinq huitièmes; trois quarts de toile pour poches & droits-fils, & neuf aunes de galon.

La vefte fera façonnée avec fept huitièmes de drap couleur chamois, & une aune de toile de coton de trois quarts de large pour doublure.

3.

Difpofition du Galon, & proportions de l'Uniforme.

L'HABIT, les revers, paremens, collet & pattes de poches, feront bordés d'un galon d'un pouce de large, de la forme & du deffin du modèle arrêté; chaque côté de revers fera garni de fix brandebourgs, & de deux au-deffous de chaque revers, lefquels feront proportionnés à la taille des Gendarmes, de feize à dix-huit pouces de longueur, ils auront trois pouces neuf lignes de largeur à la partie fupérieure, & trois pouces en bas.

Les brandebourgs du revers formeront trois pointes;

celle du milieu fera terminée fur les bords du revers, les deux autres feront fur la même ligne.

Les deux brandebourgs du deffous de chaque revers, auront la pointe du côté fur l'alignement des revers.

Le collet fera rond & élevé du derrière, arrivant du devant jufte au bas du cou, de manière qu'il ferme bien; il furpaffera de deux lignes le bordé du revers, & les pointes feront fixées fous le revers au moyen d'un bouton.

La longueur des manches dépaffera un peu la jointure du poignet au bras, elles feront affez larges pour mettre des manches de vefte.

Le parement fera doublé de ferge, comme l'habit, il fera coupé rond en botte, un peu plus large du côté du bras que fur le poignet, il aura quatre pouces de hauteur.

Les poches feront en travers, les pattes pofées trois lignes au-deffous du bouton de la hanche, & diftantes de deux pouces du bord de devant.

Il y aura un demi-pli à l'habit, qui fe terminera au milieu de la bafque, le furplus fera fermé par une couture.

L'habit fera façonné proportionnément à la taille de chaque Gendarme, affez large & aifé pour qu'il puiffe faire tous les mouvemens fans être gêné, il defcendra jufqu'au plis du jarret, il fera affez large de poitrine, & s'agraffera jufqu'au troifième brandebourg.

4.

L'HABIT du Gendarme-appointé, fera le même que celui du Gendarme, & il ne fera diftingué que par un

Diftinction des Grades.

ſecond galon ſur le parement, de même largeur que celui de l'habit.

Le Fourrier portera le même habit que le Gendarme, il ſera diſtingué par deux brandebourgs de galon pareil à celui de l'habit, qu'il portera ſur chaque parement.

L'habit du Porte-étendard, ſera le même que celui du Gendarme, il ſera diſtingué par un ſecond galon d'un pouce & demi de large, qu'il portera ſur le parement; par un galon pareil à celui de l'habit, qu'il portera autour de chaque poche; & par un écuſſon de galon de même eſpèce, qu'il portera ſur les hanches pour couvrir la couture du pli des côtés.

L'habit uniforme du Sous-brigadier, ſera le même que celui du Porte-étendard.

Le Brigadier portera l'habit uniforme ſemblable à celui du Sous-brigadier, & il ſera diſtingué par un troiſième galon de la largeur d'un pouce ſur le parement, de façon que le galon d'un pouce & demi de large, ſera renfermé par deux autres de la largeur d'un pouce.

Les épaulettes des habits des Gendarmes, ſeront de drap couvert d'un galon d'argent, ſans franges; ce galon ſera liſéré de ſoie de la couleur affectée à chaque compagnie.

Chaque revers ſera garni de ſept petits boutons, & le ſurplus de l'habit le ſera de ſeize gros, dont trois à chaque poche, deux au-deſſous du revers, un ſur chaque hanche, & trois ſur le parement de chaque manche.

Les boutons ſeront argentés, de forme plate, ayant un

5

ſoleil en relief dans le milieu, autour duquel ſera inſcrit, *Gendarmerie de France.*

La veſte ſera ſans poches, les baſques du devant carrées & ouvertes, elle aura cinq pouces du dernier bouton au bas de la baſque, elle ſera garnie de douze petits boutons, du même modèle que ceux de l'habit.

5.

LE ſurtout du Brigadier, Sous-brigadier, Porte-étendard, *Des Surtouts.* Fourrier, Appointé & Gendarme, ſera de drap écarlate doublé de ſerge chamois.

La veſte ſera la même que celle qui a été réglée ci-deſſus pour l'uniforme.

Il ſera employé à la confection de chaque ſurtout :

> Une aune un quart Drap large de cinq quarts.
> Deux aunes un quart Serge chamois.
> Trois quarts Toile pour poches, droits-fils & doublures des manches.
> Et vingt gros boutons pareils à ceux de l'habit.

Le ſurtout ſera croiſé par-derrière au bas de la taille, les baſques retrouſſées & agraffées; il ſera fait dans les mêmes proportions que l'habit uniforme, la poche en travers, garnie de trois gros boutons, le parement en botte, fermé en deſſous, & de quatre pouces de hauteur.

Chaque Gendarme ſera tenu de ſe fournir une culotte de drap chamois de la même nuance que la veſte.

6.

LE manteau ſera de drap écarlate parementé de ſerge *Du Manteau.* chamois, le collet ſera bordé d'un galon pareil à celui

A iij

de l'habit, pour la confection duquel il fera employé quatre aunes un tiers de drap large de quatre quarts.

Il fera parementé fur le devant d'une aune & demie de ferge chamois.

7.

Épaulettes du furtout pour la diftinction des Grades.

LES Gendarmes porteront fur le furtout une épaulette de Sous-lieutenant à fond de foie, de la couleur affectée à leur compagnie, lofangée de carreaux de treffe d'argent avec des franges mêlées de foie & d'argent, en proportion du mélange de l'épaulette.

Les Fourriers, Porte-étendards, Soûs-brigadiers & Brigadiers, porteront l'épaulette de Lieutenant à fond d'argent lofangée de carreaux de foie de la couleur de leur compagnie, & garnie de franges mêlées de filés d'argent & de foie, en proportion du mélange de l'épaulette.

8.

Coiffures & menues fournitures.

LE chapeau fera bordé d'un galon large de vingt-une lignes du même deffin que celui de l'habit.

La cocarde fera de bafin conforme au modèle arrêté.

Le col fera de velours noir.

La boucle de col fera d'acier, fuivant le modèle.

Les gants de peau de daim, à patte forte.

Tous ces effets feront donnés aux Gendarmes, aux frais des Chefs de brigades.

9.

Tenue des Gendarmes.

LES cheveux feront liés en queue attachée près de la tête, avec une rofette conforme au modèle.

Les cheveux des faces formeront une boucle.

Les manchettes de chemises seront de batiste ou mousseline unie, d'un pouce & demi de hauteur, avec un ourlet plat.

Les manchettes de bottes seront de toile, sans être ouvertes; il y aura à la partie supérieure une boutonnière en long pour l'attacher au quatrième bouton de la culotte.

Les boucles de souliers seront d'argent ou de métal blanc, de forme carrée, ornée de huit palmes, du même dessin réduit que celles de la broderie des Officiers.

Les bottes molles seront conformes au modèle arrêté.

Il sera toléré, en temps de paix seulement, de porter pendant l'été des cols, gilets, culottes & bas blancs; les gilets & culottes seront de coutil blanc, & exécutés conformément au modèle arrêté; les bas ne pourront être de soie.

I O.

Les bottes uniformes seront fortes, conformes au modèle réglé.

La bandoulière sera de mouton fort, doublée de peau blanche, large de trois pouces huit lignes, & de quatre pieds & demi de longueur, bordée d'un galon d'argent de quinze lignes de largeur, du même dessin que celui de l'habit; le milieu sera rempli par un galon de soie de la couleur affectée à chaque compagnie: chaque bout de la bandoulière sera terminé par une petite plaque de fer poli; sur l'une il sera soudé un petit porte-mousqueton, & sur l'autre une branche de fer recourbée en forme d'anneau.

De l'Équipement.

De la Bandoulière.

A iiij

Du Galon distinctif des bandoulières.

Les galons qui formeront le milieu des bandoulières & la distinction des compagnies, feront,

SAVOIR:

De couleur *jonquille* pour la compagnie des Gendarmes-Écoffois.

Le *violet*, à celle des Anglois.

Le *gros-vert*, à celle des Bourguignons.

La *feuille-morte*, à celle de Flandre.

Le *rouge-ponceau*, à celle de la Reine.

Le *bleu-célefte* à la compagnie des Gendarmes-Dauphin.

Le *bleu-de-roi*, à celle de Berry.

Le *vert-d'eau*, à celle de Provence.

Le *cramoifi*, à celle d'Artois.

Et le *fouci*, à celle d'Orléans.

Du Ceinturon.

Le ceinturon fera de buffle, long de quatre pieds, & large de deux pouces & demi, fans piqûre & garni d'une plaque de métal blanc ou d'acier poli, à laquelle il y aura une chape de fer ouverte pour paffer un crochet qui fera coufu à l'extrémité de la gauche de la ceinture; le fabre fera porté par un pendant de buffle en ligne perpendiculaire un peu inclinée, & il y fera attaché une petite boucle pour fixer le fourreau du fabre, au moyen d'une courroie qui y fera attachée; le ceinturon fera bordé d'un galon d'argent, conformément au modèle qui en a été réglé.

Lorfque le Gendarme ne fera point à cheval, il portera un ceinturon de buffle jaune fans galon, lequel fera au furplus exécuté dans les mêmes formes & proportions du ceinturon uniforme ci-deſſus détaillé, & conforme au modèle arrêté.

Leſdits ceinturons feront toujours portés ſur la veſte.

La garde du ſabre ſera couverte de trois branches à coquille pleine & piquetée de fer bronzé, la lame pleine & à dos, de la longueur de trente-ſix pouces, un peu recourbée vers la pointe, elle aura quatorze lignes de largeur & cinq lignes d'épaiſſeur près de la ſoie, & diminuera en proportion juſqu'à la pointe. *Du Sabre.*

Le fourreau du ſabre ſera d'un ſeul cuir à ſemelle, fort & ſans bois, il ſera garni d'un bout de fer bronzé & d'une chape de même matière.

Le cordon du ſabre ſera treſſé de filés d'argent mêlés de ſoie de la couleur des compagnies. *Du Cordon de ſabre.*

L'épée uniforme que le Gendarme portera à pied, ſera d'acier, du même modèle que celle des Officiers ſupérieurs. *De l'Épée.*

Le porte-manteau ſera de drap écarlate, conforme au modèle, dont la fourniture & l'entretien ſera à la charge du Gendarme. *Du Porte-manteau.*

I I.

LE canon du mouſqueton aura deux pieds ſix pouces quatre lignes de longueur; la baguette ſera de fer, la grenadière de cuir rouge à boucle coulante. *De l'ARMEMENT. Du Mouſqueton.*

Les canons des piſtolets auront huit pouces & demi de longueur. *Des Piſtolets.*

Le plaſtron de cuiraſſe ſera de fer bronzé, doublé de toile matelaſſée, & bordé de drap cramoiſi feſtonné. *Du Plaſtron de cuiraſſe.*

Les bretelles feront de cuir rouge.

Les boucles & agraffes de fer bronzé.

I 2.

De l'ÉQUIPAGE DU CHEVAL.
De la Selle.

LA felle d'armes fera de cuir fauve, des mêmes proportions que celles de la Cavalerie, & conforme au modèle arrêté.

De la Bride.

La monture de bride & filet à la françoife; les rênes, les montans, la fous-gorge & la mufelière auront douze lignes de large; la têtière fera de deux pouces de large, le frontal de dix lignes; il y aura à la têtière un petit ruban de laine de la couleur des compagnies pour couvrir le toupet du cheval.

Les boucles feront de fer poli, & auront dix lignes d'ouverture : il y aura fous la têtière un paffant en travers, dans lequel paffera la têtière du filet.

Du Filet.

La rêne du filet aura quatre pieds de longueur; il y aura à l'extrémité gauche une boucle coulante de huit lignes d'ouverture : les montans & la rêne auront dix lignes de largeur.

Indépendamment des parties d'équipement réglées par l'article 10, chaque Gendarme fera pourvu d'un porte-cartouche percé de onze coups fur deux rangs, de forme concave pour embraffer le devant de la fonte droite des piftolets où elle fera attachée.

Du Mors de bride.

Les mors de bride feront à canon fermé, les branches droites avec un touret foudé en dehors pour y paffer un anneau propre à recevoir les rênes; les boffettes feront en cuivre argenté ou de métal blanc : elles feront unies, à l'exception de la compagnie des Gendarmes-Écoſſois qui conſervera au milieu une fleur-de-lys couronnée.

La houſſe & les chaperons faits à calotte, feront de drap cramoiſi, bordés d'un galon en argent large d'un pouce, de même deſſin que celui de l'habit uniforme; le chiffre de la compagnie y ſera brodé en argent. *Des Houſſe & Chaperons.*

Il ſera employé à la confeĉtion de chaque houſſe & deux chaperons, cinq huitièmes de drap cramoiſi de quatre quarts de large, & quatre aunes & demie de galon.

Les rubans pour la queue du cheval feront des couleurs de la compagnie, & noués en roſette ſuivant le modèle. *Des Rubans de queue pour le cheval.*

T I T R E I I.

De l'habillement, équipement & armement des Officiers ſupérieurs, Sous-aide-major, Maréchaux-des-logis & Fourriers-major.

A R T I C L E P R E M I E R.

L'HABIT grand uniforme des Officiers ſera de drap écarlate, des mêmes forme & proportions, coupe de poches & poſition de boutons, que celui du Gendarme, les baſques feront retrouſſées & agraffées. *Du grand Uniforme.*

Il ſera bordé d'une broderie d'un pouce de largeur en fil d'argent & paillettes, à colonne torſe à trois côtés, d'une ligne de large chacune, ornée de palmes à deux pouces l'une de l'autre.

Les tailles feront brodées d'une broderie du même deffin, d'un pouce & demi de large.

Chaque revers fera garni de huit petits boutons, & brodé de fept brandebourgs du même deffin de broderie que le bordé, il fera brodé au-deffous de chaque revers deux autres brandebourgs.

Le parement qui fera bordé d'une broderie d'un pouce de large, fera en outre garni d'une feconde broderie de la largeur d'un pouce & demi; il fera garni de trois gros boutons.

Les poches & les pattes feront entourées d'une broderie large d'un pouce; le deffous du bouton des hanches fera brodé en forme d'écuffon de la même broderie couvrant la couture des plis de l'habit.

Les boutons de l'habit & ceux des revers feront de filés d'argent en paillettes.

Vefte. La vefte fera de drap de couleur chamois, fans pattes de poches, de la même coupe & proportion que celle du Gendarme; elle fera brodée à la bourgogne, d'une broderie du même deffin que celle de l'habit, liférée de noir; le bordé fera d'un pouce, & la grande broderie d'un pouce & demi de largeur; la vefte fera garnie de douze petits boutons en filés d'argent & paillettes.

Culotte. La culotte fera de couleur chamois, avec les boutons uniformes du Gendarme.

Veut Sa Majefté, que les Officiers ne puiffent faire exécuter & porter le grand uniforme ci-deffus réglé, qu'après qu'Elle en aura plus particulièrement déterminé le temps, & qu'en attendant lefdits Officiers ne puiffent porter que les petits uniformes ci-après détaillés.

2.

L'HABIT petit uniforme, fera de drap écarlate ; il fera pareil en tout point à celui du grand uniforme, à l'exception qu'il ne fera point brodé fur les tailles : la vefte & la culotte feront les mêmes que celles du grand uniforme, réglées par l'article précédent.

Du petit uniforme.

3.

LE furtout que les Officiers porteront, fera de drap écarlate, croifé par-derrière, & bordé en broderie, conformément au modèle réglé; il fera fans poches apparentes, & le parement fera en botte ronde fans boutons; le collet du furtout fera de velours cramoifi, arrondi de manière à pouvoir être boutonné.

Du Surtout.

Les boutons feront brodés à limace.

La vefte fera de drap chamois, coupée dans les mêmes proportions que celle de l'uniforme ; elle fera bordée d'une feule broderie, pareille à celle dudit furtout.

Vefte.

La culotte de drap chamois, garnie de boutons uniformes.

Culotte.

Sa Majefté veut bien permettre aux Officiers de porter pour l'été, en temps de paix, des cols, culottes & gilets blancs; lefquels devront être uniformes.

4.

LA redingote fera de drap écarlate ; bordée d'un deffin de broderie à deux baguettes croifées, à palmes;

De la Redingote.

le parement en botte ronde, fermé en-deſſous par trois petits boutons; les boutons feront uniformes à ceux de l'habit du Gendarme; ladite redingote fera aſſez large & aſſez longue pour être portée ſur un habit.

5.

Du Manteau.

LE manteau ſera de drap écarlate, paramenté de ſerge chamois, comme celui du Gendarme; le collet ſera bordé d'une broderie pareille à celle du ſurtout.

6.

Des menues fournitures. Chapeau.

LE chapeau ſera bordé d'un galon à crête, de vingt-ſix lignes de large, y compris la crête, conforme au modèle réglé; il ſera retapé comme celui du Gendarme; le bourdaloue ſera d'un galon ſans crête, du même deſſin que celui du bord.

Le bouton de fil d'argent à limace.

La cocarde de baſin, telle que celle du Gendarme.

Les gants de même que ceux des Gendarmes.

Le col de velours noir.

Les cheveux liés en queue, avec une roſette pareille à celle du Gendarme.

7.

De l'habillement des Sous-aides-major, Maréchaux-des-logis, Fourriers-major.

L'HABIT uniforme des Sous-aides-major & Maréchaux-des-logis, fera le même que celui des Officiers ſupérieurs.

Celui des Fourriers-major fera le même que celui des Maréchaux-des-logis, à l'exception qu'il y aura deux brandebourgs brodés ſur chaque parement, en place de la double broderie.

La vefte fera la même que celle des Officiers fupérieurs, fi ce n'eft qu'elle fera fimplement bordée de la
petite broderie.

La culotte de drap chamois, avec les boutons uniformes.

8.

LE furtout des Sous-aides-major, Maréchaux-des- *Des Surtouts.*
logis & Fourriers-major, fera de drap écarlate, fait,
quant à la coupe, comme celui des Officiers fupérieurs;
mais au lieu d'être brodé, il fera bordé d'un galon à crête,
conforme au modèle.

Le collet fera de velours cramoifi, de la même forme
que celui du furtout des Officiers fupérieurs.

La vefte fera de drap chamois, unie & coupée comme
celle de l'habit uniforme.

Les boutons du furtout & de fa vefte, feront du même
modèle que ceux du Gendarme.

La culotte fera de drap chamois.

Les cols, veftes & culottes blancs feront tolérés pour
l'été, pendant le temps de paix, & feront uniformes.

9.

LES Officiers fupérieurs porteront fur l'habit grand *Des Épaulettes.*
uniforme, petit uniforme & furtout, les épaulettes dif-
tinctives du grade militaire qu'ils auront par les charges
dont ils feront pourvus.

Ces épaulettes feront de treffes d'argent, brodées de
chaque côté, d'une broderie du même deffin réduit que
celle de l'habit, avec franges & cordelières.

Le Guidon portera l'épaulette de Lieutenant-colonel.

L'Enseigne qui n'aura rang de Meſtre-de-camp qu'en vertu d'une commiſſion, ne portera que l'épaulette diſtinctive de Lieutenant-colonel.

Les Aides-major, le Guidon, l'Enseigne des Écoſſois & les deux plus anciens Enſeignes du Corps, brévetés Meſtres-de-camp par l'Ordonnance du 23 janvier 1771, porteront les deux épaulettes diſtinctives du Meſtre-de-camp.

Les Sous-lieutenans & les Capitaines porteront également les deux épaulettes de Meſtre-de-camp.

Les Officiers ſupérieurs qui ſeront pourvus du grade de Brigadier, porteront au milieu de chaque épaulette, une étoile en or.

Le Commandant général, gradué Lieutenant général, portera trois étoiles ſur chacune de ſes épaulettes.

Les Sous-aides-major, Maréchaux-des-logis & Fourriers-major, porteront ſur l'habit uniforme & ſurtout, l'épaulette de Capitaine, comme la marque diſtinctive du grade militaire qu'ils ont dans le Corps, ſans avoir égard aux commiſſions de Lieutenans-colonels ou de Meſtres-de-camp, qui pourront leur être expédiées.

Leſdites épaulettes ſeront brodées comme celles des Officiers ſupérieurs, & ne différeront que par les franges qui ſeront de filés d'argent ſans cordelières.

I O.

LE ſabre uniforme des Officiers ſera à garde couverte de quatre branches en acier bronzé, la coquille pleine &

piquetée, la lame de trente-trois pouces de longueur; pleine & à dos, de quatre lignes d'épaiffeur près de la foie, & de douze lignes de largeur, diminuant jufqu'à la pointe coupée du côté du tranchant.

L'épée fera d'argent, la coquille pleine; le tour, ainfi *De l'Épée.* que la branche, feront travaillés d'un deffin pareil à la broderie de l'habit femblable au modèle arrêté.

Le ceinturon fera conforme à celui du Gendarme, *Du Ceinturon.* & bordé d'une broderie en fil d'argent & paillettes femblables au modèle réglé.

Il fera garni par-devant d'une plaque en forme de carré long, arrondi, de trois pouces fix lignes de longueur fur deux pouces trois lignes de largeur; elle fera d'argent timbrée des armes du Roi en relief, ornées de palmes de chaque côté, les fleurs-de-lys dorées fur un champ bleu.

Le cordon de fabre & d'épée fera d'argent liféré de *Du Cordon* foie de la couleur diftinctive de chaque compagnie, ayant *de fabre.* un feul gland mêlé de franges & de cordelières.

Les piftolets feront de treize pouces de long, les *Des Piftolets.* canons de fept pouces & demi, renforcés fur le bout & furdorés, les calibres de fix lignes, les guidons en argent, les platines, couvre-platines & les fougardes d'acier uni, mais gravées de trophées ou chiffres des compagnies fur chaque côté des calottes.

Les calottes feront en argent, les ovales feront faites de manière à pouvoir fupporter une gravure; les bois pour la monture des piftolets feront de noyer avec orne-mens, les baguettes de baleines garnies de têtes d'acier.

Des Cuiraſſes. Lorſque les Officiers devront avoir des cuiraſſes, elles feront conformes aux modèles qui feront préſentés & agréés.

I I.

De L'ÉQUIPAGE DES CHEVAUX DES OFFICIERS.

L'ÉQUIPAGE du cheval des Officiers ſupérieurs, fera compoſé d'une houſſe & de deux chaperons à calottes, en velours cramoiſi, garni d'un galon à crête du modèle arrêté, de deux pouces & demi de largeur; les chiffres des compagnies, tels qu'ils font réglés, feront brodés fur chacun des côtés de la houſſe & des chaperons.

De la Houſſe & Chaperons.

De la Selle. La ſelle fera à la royale, de velours cramoiſi, bordée d'un galon de ſoie de même couleur.

De la Bride. La têtière de bride à la françoiſe ; les boucles & les boſſettes feront d'argent, conformes au modèle arrêté.

La compagnie Écoſſoiſe aura ſeule une fleur-de-lys couronnée ſur les boſſettes; celles des autres compagnies feront unies.

Du Filet. Le filet fera d'argent.

L'État-major portera ſur ſes houſſes le chiffre de la compagnie Écoſſoiſe, & aura les mêmes boſſettes.

Les houſſes & chaperons des Sous-aides-major, Maréchaux-des-logis & Fourriers-major, feront de drap cramoiſi, & au ſurplus ſemblables à ceux des Officiers ſupérieurs.

La ſelle deſdits Officiers fera à la royale, de drap cramoiſi, bordée d'un galon de ſoie de même couleur.

Les boucles de la bride & les boſſettes feront pareilles à celles des Officiers ſupérieurs.

TITRE III.

De l'Habillement, Équipement & Armement des Timbaliers & Trompettes.

SA MAJESTÉ fera fournir les cafaques du Timbalier *Cafaques.* & des Trompettes, ainfi que les manteaux, fuivant l'ufage établi à cet égard.

La vefte fera de drap écarlate, fans poches; elle fera *Vefte.* bordée d'un galon uni en argent, d'un pouce de largeur.

Les cafaques & la vefte dureront fix ans.

La culotte fera de drap écarlate.

Le chapeau bordé d'un galon d'argent large de dix-huit lignes, du même deffin que celui des cafaques.

L'épée uniforme, le fabre, le col, la cocarde & les gants feront les mêmes que ceux des Gendarmes.

Les cheveux feront liés en queue, avec une rofette pareille à celle du Gendarme.

Le cordon de fabre en argent & foie de la couleur de la livrée du Roi.

Le ceinturon, à la françoife, de peau blanche, bordé d'un petit galon uni en argent, renfermant dans le milieu un galon livrée du Roi, fera porté fur la vefte.

Les bottes feront molles.

La houffe & les chaperons à calotte, de drap bleu teint en laine, bordés d'un galon d'argent à fefton d'un pouce de large.

La houffe du cheval du Timbalier fera de drap bleu,

galonné à la bourgogne; le bordé fera d'un pouce & le fecond galon de deux pouces de largeur.

Les furtouts des Trompettes feront de drap bleu, doublés de ferge rouge; les collets, paremens & pattes des poches bordés d'un galon en argent large d'un pouce, du même deffin que celui des cafaques; le parement coupé & fermé en botte, les poches en travers.

Le furtout du Timbalier fera le même que ceux des Trompettes; il aura de plus un galon autour de la poche, & fera bordé fur le devant de l'habit & aux bafques de derrière, du même galon large d'un pouce.

Lefdits furtouts des Timbalier & Trompettes, feront fournis aux frais du Roi.

TITRE IV.
De la *Manutention de l'habillement*.

ARTICLE PREMIER.

Commiffaires nommés à l'Habillement. L'INTENTION de Sa Majefté étant que l'habillement des dix compagnies de fa Gendarmerie, continue d'être exécuté, ainfi qu'il a été prefcrit par fon Ordonnance du 5 juin 1763; Elle veut qu'il foit choifi parmi les Chefs de brigades, un Capitaine-lieutenant, un Sous-lieutenant & un Enfeigne, qui feront chargés de faire les achats concernant l'habillement & les menues réparations, & de les faire parvenir au Corps à l'époque que le Commandant général aura fixée.

2.

LORSQU'UN des Chefs de brigade, chargé des foins de l'habillement, quittera fon emploi, ou paffera à un autre grade, le Commandant général affemblera chez lui les Officiers fupérieurs du grade égal à celui de l'Officier ci-deffus défigné, pour faire entr'eux à la pluralité des voix, l'élection de celui qui devra remplacer le Chef de brigade quittant ou paffant à un autre emploi : Sa Majefté veut & entend néanmoins que l'Officier élu n'entre en fonctions relatives audit habillement, qu'autant que celui qui en étoit précédemment chargé, aura fini & rendu les comptes de fon adminiftration.

3.

IL fera fait en tout temps, fous le titre de *Maffe de l'habillement*, une retenue de trois fous par jour fur chaque Brigadier, Sous-brigadier, Porte-étendard, Fourrier, Appointé & Gendarme, dont le fonds fera deftiné à l'habillement des dix compagnies : cette Maffe demeurera entre les mains du Tréforier général de l'ordinaire des guerres, qui ne la délivrera aux Chefs de brigade chargés des foins de l'habillement, que fur l'ordre figné par le Commandant général, Infpecteur.

Maffe retenue pour l'habillement.

4.

VEUT Sa Majefté, que fur le produit de ladite Maffe, il ne foit acquitté que les dépenfes relatives à la confection

De l'habit uniforme & de fa vefte,
Du furtout & de fa vefte,
Des épaulettes,
Des bandoulières,
Et des houffes & chaperons.

Objets de dépenfe, affectés fur la Maffe.

Les émolumens des brigades feront affectés à la dépenfe de la fourniture & entretien

Objets affectés fur les émolumens des Brigades.

Des chapeaux & des bords, cocardes, cols, gants, cordons
de sabres, bottes fortes, selles & brides, ceinturons &
plaques, sabres, mousquetons, pistolets & manteaux.

Porte-manteau fourni par le Gendarme. Chacun des Brigadiers, Sous-brigadiers, Porte-étendards, Fourriers, Appointés, Gendarmes, Timbalier & Trompettes, sera tenu de se fournir & d'entretenir son porte-manteau uniforme, lequel lui appartiendra, & dont il pourra disposer lorsqu'il quittera l'emploi qu'il occupera dans le Corps.

5.

Durée des effets uniformes. L'HABIT & la veste uniformes, dureront au moins l'espace de six ans, au moyen des deux surtouts & vestes qui seront délivrés pour le même espace de temps; & si à la fin du terme de la durée prescrite, il se trouve en bon état, Sa Majesté autorise le Commandant général à faire prolonger la durée dudit habillement grand uniforme, en faisant délivrer un surtout de plus pour faciliter ladite prolongation.

Les surtout & veste seront portés concurremment avec le grand uniforme, & remplacés tous les trois ans.

Le manteau durera au moins huit ans.

La bandoulière, quatre ans.

Les chapeaux, cocardes & cols de velours, seront remplacés tous les ans.

Les gants dureront deux ans.

Les bottes, cinq ans en temps de paix, & elles seront remplacées en temps de guerre autant que le besoin l'exigera.

Le fabre durera douze ans.

Le cordon de fabre fera remplacé tous les deux ans.

Le ceinturon fera le fervice de fix ans, & le galon fera renouvelé tous les trois ans.

Les moufquetons & piftolets, feront remplacés à mefure qu'ils feront reconnus hors de fervice.

La felle d'armes durera quinze ans.

La houffe & les chaperons, fix ans en temps de paix; & en temps de guerre, ils feront remplacés lorfqu'ils feront hors de fervice.

6.

LES Chefs de brigades, chargés de l'achat de l'habillement, feront tenus de juftifier au Commandant général, de l'emploi des billets de Maffe dont il aura donné la main-levée; & il vérifiera fi l'emploi des fonds eft conforme à la fomme délivrée, à l'effet d'en rendre compte à Sa Majefté.

Achat de l'habillement.

7.

LE Commandant général, Infpecteur, déterminera à fa revue, tous les objets de réparations concernant l'habillement, l'équipement & l'armement; il en fera remettre l'état aux Chefs de brigades chargés des approvifionnemens, & fixera l'époque à laquelle lefdits objets devront être rendus au Corps.

Réparations réglées par le Commandant général.

Le Commandant général fera particulièrement chargé de l'exécution des objets de l'habillement, & pour d'autant plus affurer l'uniformité entière dans toutes les parties, il commettra en fon abfence un Officier-major, fous l'autorité du Commandant du Corps, fur les lieux, pour qu'il tienne la main à ce que tout foit exécuté conformément aux modèles arrêtés.

8.

LES fournitures néceffaires à la confeftion des parties dont le Commandant général aura jugé, lors de fa revue d'infpeftion, le remplacement néceffaire, feront envoyées au Corps & rendues aux époques qu'il aura défignées; elles feront dépofées dans un magafin qui fera établi à cet effet, dont les Commiffaires chargés de l'habillement donneront le foin à un Officier; les fournitures ne pourront être reçues que par le Commandant général, ou en fon abfence par celui qu'il aura commis à cet effet, & elles ne feront agréées qu'autant qu'elles fe trouveront conformes en tout point aux échantillons & aux modèles arrêtés.

Si lefdites fournitures n'arrivoient pas au Corps aux époques indiquées par le Commandant général, le Commandant du Corps en rendra compte; & dans ce cas Sa Majefté autorife le Commandant général à prendre les moyens les plus prompts pour affurer la confeftion de l'habillement au terme fixé; le furcroît de dépenfe & les faux-frais que le retardement de l'arrivée des fournitures occafionneroit, ne feront plus au compte de la Maffe, mais retenus fur les émolumens des brigades.

9.

LES Chefs de brigades, chargés de l'achat de l'habillement, fe feront remettre d'avance, par les fourniffeurs avec lefquels ils auront traité, l'état des paffeports qu'ils prévoiront néceffaires pour l'affranchiffement des droits dont les Effets de l'habillement pourroient être fufceptibles dans la route qu'il devront parcourir, ils remettront ledit état au Commandant général, Infpecteur, qui en demandera auſſitôt l'expédition pour que rien ne puiſſe retarder l'arrivée deſdits effets ; ledit état ſera arrêté & ſigné par leſdits Chefs de brigades, & viſé par le Commandant-Inſpecteur.

I O.

L'OFFICIER chargé du ſoin du magaſin des fournitures, le ſera également de toutes les dépenſes relatives à l'exécution des objets de l'habillement, équipement & armement. *Officier chargé du Magaſin.*

Il tiendra un journal de ſes dépenſes, & rendra ſes comptes aux Chefs de brigades, chargés de l'achat des fournitures, dans le courant des mois de Juillet & Août de chaque année ; leſdits comptes contiendront l'entrée des fournitures de toute eſpèce qui auront été confiées à ſes ſoins, & la ſortie de celles qu'il aura délivrées aux ouvriers, pour être les différentes parties de l'habillement façonnées ; il fera recette des effets de l'habillement que les ouvriers rapporteront façonnées audit magaſin, & dépenſe de ceux qu'il aura fait délivrer à chaque brigade ; il établira la recette de l'argent qui lui aura été remis, & la dépenſe de celui qu'il aura payé pour les façons & faux-frais de la confection de l'habillement : après que leſdits comptes auront été examinés par leſdits Chefs de brigade, ils feront par eux remis au Commandant général, Inſpecteur, à l'effet de juſtifier de l'emploi du montant des billets de Maſſe qui leur auront été délivrés. *Comptes à rendre.*

I I.

POUR aſſurer davantage l'uniformité, les Chefs de brigades, chargés de l'achat des différentes fournitures *Obligation d'acheter dans les Fabriques.*

de l'habillement, traiteront directement avec les fabri-
cans, & avec un feul pour chaque objet de même
efpèce; toutes les marchandifes feront voiturées au
Corps, & conduites en droiture des lieux où elles
auront été fabriquées, à l'exception du drap écarlate
qui, devant être teint à Paris, fera forcément obligé
de paffer par ladite ville.

I 2.

Modèles dépofés
à l'État-major.

IL fera remis par le Commandant général, & dé-
pofé à l'État-major du Corps, un modèle des différens
objets façonnés de l'habillement, équipement & armement que Sa Majefté aura arrêté, & lefdits modèles
feront cachetés du cachet du Corps.

I 3.

Échantillons
de marchandifes
dépofés
à l'État-major.

IL fera remis de même au magafin du Corps, des
échantillons cachetés, ainfi qu'il eft prefcrit à l'article
précédent, de l'efpèce & nature des marchandifes dont il
devra être fait emplette pour l'habillement, afin que le
Commandant général, Infpecteur, ou l'Officier qu'il aura
commis à l'examen & réception defdites marchandifes en
fon abfence, puiffe vérifier à leur arrivée, fi elles font
conformes à la qualité, efpèce & couleur defdits échantillons : tout ce qui ne fera pas reconnu pareil, fera
renvoyé auxdits fourniffeurs, à leurs frais, lefquels feront
tenus par leur marché, d'en faire le remplacement: Et dans
le cas où de la part defdits fourniffeurs, il feroit trop long-
temps différé, le Commandant général ordonnera les
moyens qu'il jugera les plus convenables pour y pourvoir,
à l'effet d'achever la confection de l'habillement pour le
temps marqué.

14.

LORSQU'IL aura été ordonné de faire travailler à l'habillement, l'Officier chargé du magasin remettra à celui
qui sera chargé de veiller à l'exécution des effets dudit
habillement, la quantité d'étoffes & de fournitures de
chaque espèce, réglées par les dispositions du titre Ier du
présent règlement; & l'Officier qui les aura reçues, sera
tenu de remettre au magasin du Corps la même quantité
d'effets façonnés, que les marchandises délivrées en auront
dû rendre.

Travail
de l'habillement.

15.

L'OFFICIER chargé du magasin, payera la façon de tous
les effets d'habillemens façonnés qui lui auront été livrés
par l'Officier chargé de veiller & de suivre leur exécution,
conformément aux prix ci-après réglés.

Prix
des façons.

SAVOIR;

Pour la façon de l'habit grand uniforme.	4ˡ	16ᶜ
De sa veste.	1.	4.
Du surtout.	3.	
De sa veste.	1.	4.
Du manteau.	1.	4.
De la housse & des chaperons.	2.	

16.

LORSQUE les différens effets façonnés auront été remis
à l'Officier chargé du magasin du Corps, il ne pourra
s'en défaisir ou les délivrer aux détailleurs des brigades,
que sur l'ordre du Commandant général.

Distribution
de l'habillement.

17.

LES Gendarmes ne pourront emporter leurs habits &
vestes uniformes lorsqu'ils iront en congé de semestre,

Effets uniformes
resteront
au Corps.

ou qu'ils s'abſenteront du Corps par permiſſion; les détailleurs auront attention de les retirer, & de ne leur laiſſer emporter que les ſurtouts, veſtes & chapeaux.

18.

Défenſe de porter l'uniforme,

DÉFEND Sa Majeſté à tout Gendarme qui ne ſera pas décoré de la croix de Saint-Louis, ou qui n'aura pas obtenu une penſion de retraite en quittant le ſervice du Corps, d'en porter l'uniforme, à peine d'être punis d'un an de priſon.

19.

GENDARME en congé, portera le ſurtout,

DÉFEND pareillement Sa Majeſté à tout Gendarme qui ira en congé de ſemeſtre, de porter d'autres habits écarlates que ceux qui ſeront conformes à l'habit ou au ſurtout preſcrit par le préſent règlement.

Le ſieur Marquis de Caſtries, Commandant général & Inſpecteur de la Gendarmerie, les Capitaines-lieutenans des compagnies dudit Corps, & les Commiſſaires des guerres à ſa conduite & police, tiendront la main à l'exécution du préſent règlement; lequel Sa Majeſté veut être lû & publié à la tête de la Gendarmerie, à ce qu'aucun n'en prétende cauſe d'ignorance.

FAIT à Verſailles le dix-huit février mil ſept cent ſoixante-douze. *Signé* LOUIS. *Et plus bas,* MONTEYNARD.

A PARIS, DE L'IMPRIMERIE ROYALE. 1772.